우리 시대 현대시조 100인선 48

청동의 배를 타고

민병도

태학사

우리 시대 현대시조 100인선 48

청동의 배를 타고

초판 인쇄 2001년 9월 26일 • 초판 발행 2001년 9월 28일 • 지은이 민병도 • 펴낸이 지현구 • 펴낸곳 태학사 • 주소 서울시 서초구 서초2동 1357-42 • 전화 (02) 584-1740 (代) • 팩스 (02) 584-1730 • e-mail thaehak4@chollian.net • www.thaehak4.com • 등록 제22-1455호

ISBN 89-7626-662-5 04810 • ISBN 89-7626-507-6 (세트)

ⓒ 민병도, 2001
값 5,000 원

☞ 지은이와 협의하에 인지를 생략합니다.
☞ 파본은 구입한 곳이나 본사에서 바꾸어 드립니다.

◀ 五流同人 시절 대구 대덕산에 있는 이호우 시비 앞에서 (맨 앞이 필자, 둘째줄 왼쪽부터 이정환, 문무학, 맨 뒷줄 왼쪽부터 노중석, 박기섭) (1987)

▼ 문학기행 중 안동에 있는 이육사 시비 앞에서 (1996)

청주 근교에 있던 白水 정완영 선생님 詩室을 방문하고 함께 선유동 계곡을 다녀옴
(1997)

草丁 김상옥 선생님을 모시고 대구 수성못 가에서 (1999)

차례

제1부 지리산을 오르며

저문 들녘에 서서	13
화로	14
새벽 산행	15
저 산에	16
매화(梅花) 홀로 지다	17
적소기행(謫所紀行)	18
술	19
길 밖의 길	20
깡통	21
질경이의 노래	22
눈물	23
지리산을 오르며	25
그리운 성산포	26
혼자 가는 길	27
갈대	28
대합실	29
장씨(張氏)의 밤	30

제2부 그대 안에

실비	33
개나리	35
매물도(每勿島)	36
탑(塔)	37
아침 노을	38
강(江)·1	39
그대 안에	40
은행잎	41
저녁 종소리	42
어느 저문 날	43
산가(山家)	44
내가 만난 어부	45
낮달	46
메밀꽃	47
장날	48

제3부 오원(吾園)의 눈

잡초에게	51
거미집	52
빈 집·1	53
시월의 끝	54
섞이지 못한 노래로	55
남풍(南風)	56
설잠(雪岑)의 버들피리	58
지평(地平)의 노래	59
들풀	60
오월의 다리	61
오원(吾園)의 눈	62
지상(地上)의 하루	63
강(江)·2	64
마을	65
희방사 겨울 스님은	67
기러기	68
낙엽기(落葉記)	69

제4부 불이(不二)의 노래

불이(不二)의 노래 · 1	73
불이(不二)의 노래 · 2	74
불이(不二)의 노래 · 5	75
불이(不二)의 노래 · 6	76
불이(不二)의 노래 · 8	77
불이(不二)의 노래 · 14	78
불이(不二)의 노래 · 36	79
불이(不二)의 노래 · 61	80
불이(不二)의 노래 · 72	81
불이(不二)의 노래 · 92	82
불이(不二)의 노래 · 97	83
불이(不二)의 노래 · 108	84

제5부 알 수 없는 일

종(鐘)	87

알 수 없는 일　　　　　　　　　88
새로운 충성　　　　　　　　　90
굴뚝새를 만나기 위해　　　　　91
지는 풀잎 위에도　　　　　　　93
사북발(舍北發) 막차에서　　　94
주말 오후　　　　　　　　　　96
빈 집·2　　　　　　　　　　　97
텔레비전은 끌 수가 있다　　　98
동구(洞口)　　　　　　　　　99

해설 엄숙과 일탈, 추상과 구상의 역학·홍용희　101
민병도 연보　　　　　　　　　115
참고문헌　　　　　　　　　　118

제1부 지리산을 오르며

저문 들녘에 서서

날 저문 들녘에 서서 문문히 나는 보았네
슬픔을 이기지 못한 이름 모를 새 한 마리
서천(西天)을 불싸지르고 마침표로 떨어지는

망가진 자들만이 평화롭게 와서 눕는
누가 저 적멸의 늪에 화엄(華嚴)의 종을 울리나.
풀꽃 속 작은 우물에 별 하나가 눈을 뜨고

화로

언제나 뜨겁게 와서 싸늘히 헤어지는
그대 작별의 말은 내게 와 불꽃이었다.
우리가 손닿지 못할 추억의 저편에 놓인

타다만 시간의 상처 다둑이는 부삽 끝에
그리운 이름들은 창가로 가 별이 되고
사무친 고독과 함께 다시 오는 그대 안식.

바람을 다스리던 화관(花冠)마저 버린 그대
말없이 뼈를 태우며 되돌아와 재가 되지만
어쩌면 우리가 가야 할 길인지도 몰라라.

새벽 산행

끊어진 실밥같이 내 무시로 놓쳐 버린
희미한 그 길을 찾아 새벽 산을 오르느니
잎 떨군 나무에 기대어 왔던 길 되돌아보며.

삶이란 기다림이라며 글썽이는 샛별하나
부끄러운 생각들이 화살로 와서 꽂혀도
신끈을 고쳐 매면서 끓는 피 다시 재운다.

해는 이제 소나무 뒤로 광배(光背)처럼 솟아오르고
산정(山頂)이 가까울수록 길은 자꾸 지워지는데
사유(思惟)의 빈 가지마다 눈을 뜨는 아침이슬.

저 산에

스스로 물러앉아 그리운 이름이 된
산에, 저 산에 향기 나는 사람 있었네
수없이 나를 깨워 준 늘푸른 사람 있었네

법구경을 펼쳐두고 비에 젖는 저 빈 산에
휘젓고 간 바람처럼 가슴 아픈 사람 있었네
드러난 상처가 고운, 눈이 먼 사람 있었네

만나서 빛이 되고 돌아서서 길이 되는,
날마다 내 곁을 떠나가는 산에 저 산 안에
영혼의 맑은 노래로 창을 내는 사람 있었네

매화(梅花) 홀로 지다

법문(法問)이 끝나기 전에 매화 홀로 지고 있었다.
잔설 위로 떨어지는 무심한 풍경소리에
한 순간 환희의 추억 허공에서 지워 내며

불이(不二)의 세상 밖으로 그리운 길을 가듯
다가설수록 멀어지는 적멸의 가지 끝에
우주의 불씨 그 하나 쓸쓸히 남겨 두었다.

아무데나 피고 어디서도 피지 않는
못다 부른 노래처럼 저문 땅에 홀로 남아
태양의 말을 전하며 매화 홀로 지고 있었다.

적소기행(謫所紀行)

낮에도 누군가 와서 촛불을 켜두고 가는
초당(草堂)으로 가는 길은 민초(民草)들의 핏줄 같았다.
동백꽃 붉게 떨어져 쓰라리게 울고 있는

끊어져 일어서는 아름다운 길을 위하여
지치고 숨막히는 한 잔의 찻물이 끓고
세상의 중심을 향해 샘은 홀로 솟고 있었다.

어둠이 헤진 옷섶을 비수처럼 파고들어도
붓끝에 잘려나간 한 시대의 타는 언덕에
외가슴 스스로 그어 푸른 강을 바치신 이.

혀끝에서 놓쳐버린 갈 수 없는 길을 돌아와
바위에 새겨 놓은 그리운 저 생명의 각서(覺書)
구강포 저녁 하늘에 붉디붉은 못을 박는다.

솔

저 조선의 궐마루를 짚신발로 물러 나와
북소리, 오색 깃발에도 고개 돌려 달래던 가슴
오늘은 야사(野史)의 뒷장 가부좌로 앉아 있나.

화살보다 깊게 꽂힌 마음의 적의(敵意) 거두고
굽틀어진 업연(業緣)마다 또 하나 탑을 앉히며
말없이 해를 견주어 긴 명상에 들었나.

길 밖의 길

내 유년의 지평 위로 두고 온 달이 뜨면
또 하나의 길을 향해 산을 깨워 집을 나서네
성자를 꿈꾸고 섰는 보리수를 만날 때까지

불 꺼진 세상 저편 쓰러진 풀잎 세우며
지워져간 이름 불러 등뼈 곱게 닦아 주리라
한 목숨 곤두박히던 안개 속의 새처럼

잠시 하늘이 놓친 산이마에 손을 얹고
발자국을 포개면서 홀로 가는 길 밖의 길
상처로 상처를 묻으며 풀꽃으로 서리라

깡통

황급히 나를 불러 준 달콤한 시간도 잠시
텅 빈 가슴 속으로 밀려드는 불길한 조짐
아뿔사, 한 순간 짧은 동거(同居)가 이미 끝났나 보다.

두들겨라
두들겨라
제 풀에 지칠 때까지
억울한 자 발로 차고
죄 없는 자 돌로 쳐라
그래도 분(憤)이 남거든
발길 멀리 날려 버려라.

버릴 대로 버린 뒤에
오장육부 다 쏟아 낸 뒤에
처연히 다가서는 용서의 새벽들녘
꽃처럼 어깨 흔들며
붉은 해를 맞으리라.

질경이의 노래

이제 더 이상은 침묵할 수가 없다.
버려진 땅에 누우면 절망 또한 그리운 법
분노를 이기기 위해 다시 한 번 짓밟힌다.

한때 죽창을 피해 숨어 들던 그 피난길
피 젖은 무명치마에 아픈 영혼 고이 달래며
별 하나 가슴에 숨겨 빈들에서 서럽게 울던.

승부는 아직도 끝이 나지 않았다.
살아남기 위하여 그러나, 칼을 버리고
꿈꾸는 씨앗 몇 개를 상처 깊이 묻는다.

눈물

내 한때 길을 잃어
주저앉은 들풀일 적에
그대 잠시 내게로 와
속삭이는 바람이라면
아무도 모르게 와서
어깨를 흔들어 주는

천년을 기다리던 이가
꽃과 함께 보내 준,
그대 내 안을 흐르는
도도한 물결이라면
내 한때 나룻배 멎은
사막의 강이었을 때

분노와 마음의 증오
용암처럼 치솟을 때
그대 내게로 와
홀로 타는 촛불이라면

단 한 번 뼈를 녹여서
바치는 진실이라면

지리산을 오르며

못다 삭힌 슬픔을 지고 지리산을 오르기에는
놓친 길이 너무 멀고 벼랑 또한 힘에 벅차다.
칼끝에 널부러져 간 무명바지 서러운 길.

아픈 산을 들어올리는 뻐꾹새의 피울음에
숨겨온 상처 묻으며 찔레꽃은 저 홀로 지고
댓잎의 푸른 증언이 골짜기를 후빈다.

분해서 잊어야 하고 부끄러워 버려야 하는
승자도 패자도 없는 긴 업연(業緣)의 봉우리 위로
무심히 낮달 내려와 천년의 혈흔을 닦고

죽은 자가 불던 초적(草笛) 살아서 다시 불며
한 시대의 실족을 따라 순례처럼 가는 이 길
뜨거운 가슴 흔들어 풀꽃 하나 새로 눈뜬다.

그리운 성산포

내 생애 마지막 한 번 허용받은 발길이라면
이별이 아름다운 성산포로 나는 가겠네.
감청빛 수의(囚衣)를 입고 제 스스로 갇혀서 사는

돌아오지 않는 배를 기다리다 지쳐 잠든
등대 아래 주저앉아 뼈를 깎는 파도 소리
어쩌면 골수에 박힌 그리운 티눈이었네.

연노랑 치마폭에 안겨 우는 목금(木琴)이었나.
끓는 가슴 잠 재우며 아침해를 불러오면
또 한 번 능욕을 게우며 갈매기를 달래는

혼자 가는 길

빛 바랜 흑백사진 잴 수 없는 슬픔 위로
찢어진 지등(紙燈) 밝혀 절래절래 칠흑 그 먼길
희미한 발자국마다 남은 별빛 더욱 푸르다.

만남도 헤어짐도, 혼절의 아픔마저도
누더기로 벗어두고 나만의 길을 가겠네.
무수히 다시 일어나 풀꽃들이 가던 그 길.

가벼운 목례도 없이 바람으로 흩어지리다.
흩어져 세상을 여는 먼 교회 종소리처럼
아무도 돌아오지 않는, 길 없는 길을 가겠네.

갈대

돌아갈 수 없을 만큼 떠난 뒤에 다가오는
삶의 그 허전한 진실 뼛속 깊이 되새기며
온종일 찬 내에 남아
빈 하늘을 쓸고 있던 너.

태풍마저 어쩌지 못한 초록빛 꿈을 훑고
깊고 깊은 어둠에 갇혀 몰래 우는 겨울밤에
육신의 옷을 벗고야 낯선 별을 만나는구나.

수없이 긍정하였던 긴 시간의 하류에서
고단한 몸짓 하나로 짚어 가는 희미한 맥박
이제는 짐작하겠네
네가 왜 그리 흔들렸는지.

대합실

목발로 건너왔던 어린 꿈의 건반 위로
뜨거운 피는 굳어 머룻빛 옹이로 앉고
우리는 기적이 잠든 세기말의 역으로 간다.

막차가 올 때까지는 그리움도 덧칠하며
지난날의 명함 한 장 창유리에 끼워둔 채
던져둔 시간의 그물 속 토우처럼 잠을 청한다.

비와 종, 소리 끊긴 공복의 새벽이 오면
이슬 고인 고무신 안에 섬 하나 불러 앉히고
어둠의 밀서를 실은 배 한 척을 띄운다.

장씨(張氏)의 밤

별을 섬긴 사람끼리 신천(新川)의 둔치에 앉아
능욕의 피가 묻은 티샤스를 헹구는 밤
아무도 퇴근이 늦은 그대 안부 묻지 않았다.

세월의 비듬처럼 찬바람에 낙엽은 지고
어두운 공원의 빈 터 소주잔에 달 띄우며
귀뚜리 외는 밀경(密經)을 마디마디 뼈에 새겼다.

오, 정녕 새벽을 여는 종으로는 울지 말자
절망의 실밥 사이로 기다림의 씨줄 넣으며
장씨(張氏)는 무상을 건너 등나무로 앉아 있었다.

제2부 그대 안에

실비

울 너머
허연 실비
실비 밝은
하아프 소리

문득 잊혀간 날들
책갈피에 끼워 놓고

떨다만
현(絃)을 내려와

산(山)
  사(寺)
    쪽
      으
     로
        가
          는

그대

개나리

정오의
사이렌에
산읍(山邑)은
더욱 멀고
여여히
지워져간
사나이의
젓대를 따라
한 백 년
가슴 태우던
진이(眞伊)의
부신
그
절망

매물도(每勿島)

휑하니 떠나버린
낮달
그
물빛 밖으로
천 날을 기다려 와서
닿은
그대
마음 밑자리
한 필지
목숨의 갈증이
낙관(落款)처럼
꽂혀 있는

탑(塔)

억만 개의 뼈를 바쳐야
눈물을 보이는
그대
내 정녕
하늘을 넘본
삼천 배(拜)의
겨울밤에는
탑 밖에
탑을 물리고
거대한 돌로 남는다.

아침 노을

밤비에
플라타나스
인도(人道) 위로 쓰러졌다.

행인들은 아무 말 없이
꺾인 가지를 밟고 지나고

노을이
작은 손수건 하나를
그 이마에 덮어 주었다.

강(江) · 1

비오는 날 잃어 버린
그대 회신(回信) 끝머리엔

언제나 채우다만
투명한 잔이 놓였지만

저물 녘 그와의 사이를
가로지르는 종소리

그대 안에

흔들리는 날에는
가슴에
나무를 심었다.

더욱
흔들리는 날엔
나무 안에
나를 심었다.

촛불을
삼키고 섰는
그대 안에
별을
심었다.

은행잎

멀리
또 가까이서
절망을 말하던
그대

이따금 저문 강둑
등빛만 같던
사람

잊었던 마지막 주일날
종소리로 뜰에 앉는다.

저녁 종소리

썩은 피가 흘러가는
조선의 하수구를 통해
오늘도
모반(謀反)의 무리들
밤바다로 흘러들지만
비워 둔
무상(無常)의 집으로
되돌아온

    은
    빛
    화
    살

어느 저문 날

사라지는 모습은
언제나 거룩하여서
막차를 보내고 나면
가을비
뒤이어 오고
빈 잔엔
잎새가 내려
그리운
섬으로 앉네.

산가(山家)

어쩌다 떨어져 나간
내 귀한 살점같이

자[尺] 남짓 처마 끝에
저승을 불러놓고

홀로 와 불씨를 앉힌
먼 목숨의 태점(苔點) 하나.

내가 만난 어부

어둠 위에 어둠이 누워
수초(水草)에 등(燈)이 오를 때
낡은 목선 타이르며
빈 강을 고치던
어부
투망(投網)에 걸려든 달에서
녹슨 창(槍)을
꺼내고 있었다.

낮달

최루탄(催淚彈)의
오월거리
무너진
시계탑 너머로
빛 바랜 추억처럼
다가오는
그대 안부
떨리는
가슴 한켠에
입술을
주고 떠난

메밀꽃

동강(東江)과 내통하던
댓돌 이미 섬으로 앉고

먼 나라
유랑의 배들
찬 달빛 실어 나를 때

하이얀
깨달음으로
다가오는
노래
한
소절

장날

불꽃을 바라보면
숯이 되는 나의 유년(幼年)

언제나 불타오르던
즈믄 동구 밖 당목(堂木) 아래서

훈훈한
불씨로 다가와
손을 녹이던
어머니

제3부 오원(吾園)의 눈

잡초에게

장검(長劍)이 훑고 지나간
진창에나 곤두박혀
낭자한 피에 젖던
그 밤 외려
그리워도
왕조(王朝)의 텅 빈 창가에
친구여,
꽃을 놓아라.

어둠이
어둠을 불러
푸른 별을 타이르듯
숨겨둔 그날의 분노
찬이슬로 씻어내리고
갈라진
손톱 사이로
새벽 강을 흐르게 하라.

거미집

빈 터만 보이면 그들은 집을 짓는다.

이엉을 엮어내고 연목 위에 햇살도 걸치고

예측한 세월만큼은 튼튼한 문패도 건다.

땅이 없어도 이제 그들은 빌딩을 짓는다.

하늘이 넓다는 이유, 그 하나로 또 집을 짓는다.

아무도 살지 않을 허공에 절망의 문을 낸다.

빈 집 · 1

어른들은 산문을 열어 하늘로 돌아가고
보리피리 꺾어 불던 그 아이들 邑으로 나가
내 꿈의 목교(木橋)를 지나면 저무는 빈집이 하나.

달빛 푸른 날에 배꽃이 무무무 지고
사립문을 기웃대는 부처인 줄 모르는 동자승
뒹구는 고무신 앞에 삼배(三拜)를 올리고 간다.

시월의 끝

1
손끝에 잡히는 것마다
일어나서 불씨로 떠나는
시월의 풀밭에 서서
지평 밖에 추(錘)를 얹으면
어둠은 빛이 남겨둔
몸부림의 옷을 벗는다.

2
우리의 갈망은 언제나
강변까지 이를지라도
무수히 일어나 답(答)하는
그 물가에선 손만 헹굴 뿐
허전한 노래 한 소절
가슴에는 담지 못하고.

섞이지 못한 노래로

바람이 뒹굴다 떠난
입동(立冬) 밖에 우리가 섰을 때
섞이지 못한 노래로
긴 음계를 내려와서
포은(圃隱)의 도포자락에
숨어사는 풀빛 보리라.

낮달은 어디서 잠들까 눈발이 설핀 하오(下午)
일어선 그 빛의 소망을 빈 가지에 걸어둔 채
어둠이 머뭇거리는 궐(闕) 밖을 굴러가는 풀빛 보리라.

차가운 그 풀빛에
내려서는 하늘 저 너머
밟혀온 우리네 가슴을
일으키는 징소리와
상소문(上疏文) 끝절에 남은
한 마리 산새 울음과……

남풍(南風)

마른 풀잎에 남은
어둠들을 닦아 내고
긴 소명(召命) 받아가는
고향의 시냇가에서
누군가 풀어 줄 고독의
헛말에 젖은 그대

눈 감으면 천국(天國)이 보이는
고귀한 바람이지만
숨쉬며 죽어 있는
겨울나무 가지 끝에서
간절한 생명의 행방을
쫓아가는 꿈일 테지만

우리는 그대 신열(身熱)
나누어 줄 수 없네.
비릿한 육성으로
노래하는 갈밭머리

낙일(落日) 밖 짚불로 남은
푸른 독백 알 수가 없네.

설잠(雪岑)의 버들피리

풀리는 강가에 앉아 빈 배를 바라보면
실실이 늘친 사랑 버들너머 구름을 놓고
우려한 봄날을 여는 스님 설잠(雪岑)의 버들피리.

그 음결 밖 해를 뉘고 남은 세월 초립에 묶어
신이 내린 어느 강안(江岸)의 이름 없는 장승이 되어
찢어진 울음의 새와 더딘 잔을 나누더니.

마른 그 입술을 건너 때로 오는 고운 노래며
바람에 걸려서 지는 한 시대의 젖은 빛으로
떨리는 어둠의 밤을 벗어나게 하누나.

지평(地平)의 노래

저기 지친 광야를 끌고 오는 어둠을 보라.
흔들리는 나루마다 지등(紙燈)을 걸어두고
치부를 감추기 위해 또 하나의 옷을 입는다.

이 땅에 호미 만들던 선사(先史)의 그 날부터
주모자의 겨울 창에 은실 같은 달빛이 들듯
그렇게 지상의 침탈은 은밀하게 자라왔지만

씨 뿌리고 씨 뿌리고 씨 뿌려서 거두어 가는
이 단순한 소멸의 이치를 한 번도 어기지 못해
오늘도 빈들에 엎드려 다친 뼈로 집을 짓는다.

들풀

그들은 결코
아무 말도 하지 않았다.
긴 겨울의 등 뒤에서 칼을 뽑지 않았다.
피 묻은 죽창(竹槍) 앞에서
붉은 완장을 차지 않았다.

이웃들은 비둘기와
저문 해를 따라가고
인민군의 따발총이
먼 교회의 종을 울릴 때
황토를 어루만지며 다만
마의(麻衣)태자를 노래할 그뿐

그들은 결코
소리치지 않았다.
시퍼런 양낫 앞에서 부르르 떨지 않았다.
밀고(密告)의 긴 혀를 뽑아
강(江)을 건너지 않았다.

오월의 다리

미명의 새벽 강에 빈배를 띄워두고
친구여, 우리가 버린 어느 나루에 그대 흘러가
망각의 신(神)이 지키는 천상(天上)을 노래하는가.

사라진 자의 아침은 다만 허전한 물빛
그대 식은 가슴에 바친 은방울꽃 다시 눈뜨고
이 땅엔 내일로 가는 하얀 풀꽃의 다리가 놓여

해마다 마음 조이며 남 모르게 건너보지만
부끄러워라 부끄러워라 오늘 새로 부끄러워라
유난히 부신 햇살에 새들마저 절면서 난다.

오원(吾園)의 눈

솔은 누구를 위해 먼 강을 거느리며
오월 남천(南天)의 종달새는 어느 가문을 따르는지
단 하나 지상에 남아 지켜보자던 그 까막눈.

좌절이 꽃처럼 곱던 왕조의 땅을 떠나
아무도 볼 수 없는 세월 밖에 화폭을 펴고
단계연 먹물에 잠긴 별을 홀로 지키던 사람.

듬듬히 그저 듬듬히 두 눈을 모두 바치고
잔마다 넘쳐 흐르던 그 단장(斷腸)의 밤도 바치고
비로소 매화 빈 가지 신(神)의 미소를 얻는다.

지상(地上)의 하루

멀리서 스쳐 가는 총성(銃聲)의 공포 끝에
잊었던 옛사람의 안부처럼 유월이 오면
남몰래 수의(囚衣)를 접는 손끝 다시 흔들리겠네.

젖은 조간(朝刊) 모서리로 또 지상의 하루는 와서
야욕의 씨를 뿌리는 내 안의 도적을 향해
말없이 들꽃 한 다발 던져주고 사라지지만

아무도 모르라고 고개 돌려 외면하였던
분노의 강(江)은 다시 청산(靑山) 밖에 굽어 흐르고
아득히 검은 새 한 마리 저문 국경(國境)을 넘는다.

강(江)·2

이제 너는 이승의 동쪽 휘인 등뼈를 타고 내려와
저무는 종소리 들으며 낮게낮게 어둠에 들어
어머니 가슴 속 같은 산마을도 남겨 두었네.

목발의 한 사내를 빈 들녘에 앉혀 두고
때로는 쓸쓸한 날 투명한 거울이 되어
무명에 잠긴 영혼을 아낌없이 받아 주었네.

날이 새면 우리는 다시 어디로 가야 하는지
돌아올 수 없는 곳까지 당도해서야 알게 되지만
삶이란 상처를 따라 그저 문문히 흘러가는 일.

마을

어둠들이 짐을 부린
넉넉한 목숨의 성(城)
넘어서면 꽃바람 일굴
수명(受命)의 여명 아래
너와 나 죄(罪)를 벗으며
경작(耕作)하는 이 가난.

때로는 북소리만 남는
진실 그 자욱마다
먼 지평(地平) 낙일(落日)을 거두며
신앙을 밝혀 뜬 달
한 매듭 구원 밖에서
그 옛날을 태운다.

해바라기 다지는 무심(無心)
그 화려한 슬픔에 서면
어둠 머금은 씨알 밝은
애원마저 거부한 노을

맺히는 노래 저 멀리
빛을 심는 물소리.

희방사 겨울 스님은

무거운 누명 벗으며 소백(小白)이 흐느낄 적에도
한 켤레 하얀 고무신 댓돌 위에 포개두고
비탈 선 신갈목(木) 곁에 풀잎으로 앉았던 그.

묵장삼 한 허리를 댓닢에다 걸어둔 채
장방등 잔잔히 넘는 중문 밖 바람벽에서
눈짓도 약속도 없는 보살 관음(觀音)을 만난다더니.

뜰에 내린 풍경(風磬)소리에 별들이 모일 때까지
번뇌라 이름져진 까아만 염주 굴리며
희방사 겨울스님은 빈 하늘을 지킨다.

기러기

외로 지킨 달력 한 장을 언 가슴에 접어 넣고
땀 개인 손금 밖으로 예서(隸書)처럼 날아든 땅
꺾어 문 갈대 한 잎이 핏빛으로 물이 든다.

악보(樂譜)도 건반도 없이 밟아드는 음률(音律)이여
분첩빛 눈망울 너머 실려오는 노을이야
수틀에 모닥불 놓던 우리 누님 언약(言約)인가.

조용히 날개를 펴면 열려오는 하늘자락
갈숲에 내려앉아서 강물로도 접했다가
한 울음 소리쳐 오르며 화살로도 가고 싶다.

낙엽기(落葉記)

열두 줄 음절(音節)을 풀어
계절을 누벼 가면
이승에선 못 간직할
병석으로 돌아가는
발신(發信)도 수신(受信)도 없는 나는
신라 하늘을 돈다.

영원을 새김하여
너의 혈육 나눈 후로
체부는 부고(訃告)만 주고
말없이 돌아간 뒤
애정은 노을로 타고
하늘 빈 메아리.

누군가하고 물으면
빨래하는 겨울 아낙
꽃병을 이고 서서
찬 물결을 바라보는

가눌 길 가눌 길 없어
미소짓는 그대 울음.

제4부 불이(不二)의 노래

불이(不二)의 노래 · 1

시작도 끝도 아닌
긴 시간의 흐름 속에서

혹은 꽃의 가슴으로
혹은 별의 마음으로

우리는
서로를 태워
다가서는
촛불이리니

불이(不二)의 노래 · 2

토굴 밖 새벽 하늘에
화석(化石) 같은 새 한 마리

달 따라
빈 산 넘어와
거룩한 전설일적에

산에는
산바람 소리
가슴에는
그윽한
법음(法音)

불이(不二)의 노래 · 5

새들 떠난 겨울들판에
상처 깊은
강
  이
    흐
      르
        고

무너지고 싶은 곳에
탑(塔)은 정좌(靜坐)하여

먼 산을
무릎 꿇린 채
남몰래 열반에 들어

불이(不二)의 노래 · 6

청보리에 가슴 설레는
혼자만의
달빛이었네

첩첩한 산을 넘으며
스스로 마음 달랜 뒤

골수에
곤두박히는
그리움의 화살이었네

불이(不二)의 노래 · 8

사무친 상처 지우며
실비에 젖는 하오

불꺼진 신라국(新羅國)의
절터에서
나를 따라와

아직껏
내 안을 지키는
작은 풀꽃의
노래 한 소절

불이(不二)의 노래 · 14

그립고 쓸쓸한 날의
연초록빛 언덕 위에서

야망의 씨를 묻던
바닷가 백사장에서

때로는
내게로 돌아가는 길
이정표로
서 있던 그대

불이(不二)의 노래 · 36

태초에 놓인 그대로
돌은
하나의
침묵일 뿐

어느
눈 먼 정(釘)을 맞아
부처로도 보이던 것

그 정(釘)도
부처도 간 지금
돌은 이제
그 무엇인지

불이(不二)의 노래 · 61

풀린 솔씨들이
비탈에서
눈을 뜨듯이

마을을 벗어난 물이
짓밟혀서
자유를 얻듯이

그대를
벗어난 강이
천상(天上)에서
별을 얻듯이

불이(不二)의 노래 · 72

저기
저
떠나가는
새는
무엇을 얻어가는지

외로운 저녁 한때 그 한때의 달빛 사이로

그리운
새들을 찾아
새가 없는 곳으로
가네

불이(不二)의 노래 · 92

그대
겨울 새벽
산을 메고 떠난 사람

그대에게 이르는 길은
갈수록 더욱 멀어

만년의
잠을 바치고
새로운
길을 얻느니

불이(不二)의 노래 · 97

청동(靑銅)의
배를 타고
신라 가서
나는
보았네

무명(無明)을
밝히지 못해
코가 깨진
불두(佛頭)의 행렬을

부처는
풀꽃 안으로
거처 이미
옮기신
후

불이(不二)의 노래 · 108

아름다운 사람은
아름다워 가슴에 품고

그리운 사람은
그리워
영혼에 묻고

거룩한
나의 그대는

그대 안에
남겨 두었네

제5부 알 수 없는 일

종(鐘)

  젖은 어깨 위에 하얀 새 떼가 내린다. 첫눈을 맞으며 석류 광주리 이고 떠난 어머니를 위하여 꽃신을 위하여 무지개 다리를 놓는 난쟁이들의 노래가 곱다. 모랫배로 실어 나르는 그리운 마법의 나라, 돌아오지 않는 다리를 건너 잠자리 비행기 사라지고 하늘 끝 반지만한 고리 속에서 일제히 몰려나와 은빛 화살로 날아가는 새 떼들의 갈망과 갈망

  이 세상 모든 생명 사라지는 불안에 떨지만 어둡고 습진 땅에 엎드려 그대 날개 젖고 그대 피가 멎어도 연기처럼 풀린 속살을 함께 나눌 수는 없는 것. 그대 일어설 때마다 지상은 낮아지고 종탑은 자꾸만 맑은 하늘 끝없이 치솟아 버들잎 푸른 고향의 강바람과 어울리거나 홀로 쓸쓸한 거리를 헤매고 다니는 지친 옷자락 사이에서 우리는 무시로 늘린 죽음과도 친해질 테지만

  천년의 자유를 향해 어두운 집을 떠난다.

알 수 없는 일

1

옛 사월 그 해 봄에도, 유월이나 시월쯤에도 아이들은 용감했고 어른들은 겁이 많았다.

빈 들녘을 가로질러 청둥오리 돌아가고 삼각산이 두 번 세 번 이름 바꾼 시월이 와도 아이들은 용감하고 어른들은 비겁했다. 그날에는 태어나지도 않은 새롭고 낯선 아이들 교문을 사이에 두고 밀고 또 밀리는 동안에도 이 땅 어디선가 아이들은 다시 나지만

언제나 아이들만 남고 세월은 간 데가 없다.

2

전에는 그럴 때마다 세대차이라 했다. 전에는 그럴 때마다 인식의 차이라 했다.

언제나 아이들은 옳지 못하고 성급하지만 밀고 또 밀리는 또래들 사이에 생긴 세대차이란 알 수 없지만

꽃비에 사월이 와도 여직 눈물은 충분하다.

새로운 충성

 아들아, 이제는 울돌목 싸움이거나 청산리 전투가 아니란다. 밤낮으로 깃발이 바뀌는 백마고지나 다부동 전투는 더더욱 아니란다. 수류탄 가슴에 안은 채 내 사랑 조국이여 외치며 쓰러져가던 그런 충성이 아니란다.

 방독면 굳게 쓴 채 십자군 방패 앞에 하고 저문 날 명동성당이나 국회의사당 앞뜰 그 앞뜰 씨고추 불 태우는 무명의 풀잎들에게, 때로는 피 흘리며 달아나는 친구를 쫓아 뒤쫓아 원수를 무찌르듯 용감하게 돌격해 가는

 이제는
 오월의 행길에서도
 충성이 가능하단다.

굴뚝새를 만나기 위해

진정 밥을 위해 싸웠노라는
그 절실한 증언을 위해
변방의 국경 아래로 흐르는
저 뜨거운 피와 만나기 위해
이름 없는 골짜기를 지나
잠든 산에 손을 얹는다.

내가 너를 믿고 있는 동안
언제나 네가 보여준 것은
싸리꽃 더미에 땅벌을 앉힌다거나
이따금 소나기에 꼼짝을 못하는
그저 초라한 모습.
너의 숨소리와 너의 언어가
네 곁을 떠난 뒤에도
칠흑의 어둠을 열고
아침마다 창공을 향해 날려 보내는

한 마리

굴뚝새를 만나기 위해
잠든 산에 손을 얹는다.

지는 풀잎 위에도

    지는 풀잎 위에도 가만히 보면 지울 수 없는 하늘이 있고 닦아 낼 수 없는 하늘이 있고 지워지지 않는 하늘이 있다

    얼룩진 하늘을 지우는 일은 그러나 새로운 하늘을 만나기보다 더욱 더 힘에 겨운 것

    그 하늘 건너 온 태양은 붉게붉게 멍이 들었다.

사북발(舍北發) 막차에서

1
사북발(舍北發) 막 버스엔 아홉밖에 오르지 않아
  간간히 동구마다 탄(炭)빛 안식을 부리고 나면 D탄좌 이십구 번과 삼십육 번 둘만이 남아 무안에 휩싸인 나를 힐끗힐끗 훑어 보았네.
연민은 차창에 스민 시오리 밖 등빛 같은데.

2
갱목으로 다스린 세월, 굵은 안경 삼십육 번은
  까칠까칠한 욕설 섞으며 술을 깨우기 시작했고 삼십구 년 막장 깊은 곳 천길 지하를 다 뚫었으되 자(尺) 남짓 그대의 가슴은 아아 뚫지를 못해
바람에 날려가버린 낮달 같은 사랑이었기

3
별빛끼리 모여 앉은 뫼는 더욱 높아가고
  그 무거운 산 속으로 그들이 사라진 뒤에도 흙과 탄(炭)처럼 우리 아직은 돌아설 수 없었지만 싸구려 나의

동정마저 사치스레 허공에 매달릴 그뿐. 그들은 이제 어디 있을까. 꿈은 또 어디 있을까. 불빛에서도 어둠 속에서도 찾아낼 길 바이 없는
 쓰다만 결별장(訣別帳)처럼 한 가닥 실 같은 것들.

주말 오후

 모처럼 눈이 내린 삼월의 첫째 주말, 동창회며 계(契)모임이며 시답잖은 모임까지 나눌 수 없는 얼굴을 속도 없이 들이밀고 낯설어 반가운 사람 손금만 나누다가 어둠도 꾀나 친숙한 골목 어귀에서 헤어졌다.

 그러나 누구인가 세면대에서 만난 그. 피로한 눈자위에 헛바람만 일고 있는 어지럼증 환자 같은 그를 향해 습관처럼 손을 내밀지만 아무런 연민도 없이 돌아서고 마는 사람.

 진종일 나를 버리고 허깨비를 쫓던 그는.

빈 집 · 2

　아버지는 밥 구하러 가고 어머니는 돈 구하러 떠나 오늘 이 땅에는 집들이 비어 있다. 할머니는 약 구하러 가고 아이는 글 배우러 떠나 지금 이 땅의 집들은 모두 다 비어 있다.

　밥을 구하고 약을 구하고 글 구하러 간 그 빈 집 마당가에 지금 목련꽃 홀로 저물고

　꽃 저문 허공을 찾아
거미 한 마리 집을 짓는다.

텔레비전은 끌 수가 있다

맹구가 싫으면 오서방을 보고 그도 싫으면 다시 채널을 돌려 톡 쏘는 여운계의 불집게 같은 소갈 머리며 아, 글씨 구수한 백일섭의 홍도야를 찾으면 그만

아님 또 쇠고랑 찬 5공(共)의 황태자의 옆모습이나 명태처럼 엮여 들어가는 실세들의 등 뒤에 침이라도 뱉어 주고 그것도 못마땅하면 이상구 박사의 건강비결이나 김진홍 목사의 눈물 섞인 체험담을 들으면 그만

그래도
모자랄 양이면
텔레비전은 끌 수가 있다.

동구(洞口)

하마
산그늘이 깊었는데
하교길의 아이들 한 명 보이지
않는다.

미루나무 아래
소 한 마리 보이지 않고
녹슨 물펌프 위에
무잠자리 잠들어
죽음처럼
고요하다.

무너진
봇둑을 타고
아장아장
메밀꽃
몰래
피는

날

해설 엄숙과 일탈, 추상과 구상의 역학
―민병도의 시세계―

홍용희

문학평론가

 두루 알 듯이, 시조는 우리 나라의 대표적인 전통적 시가 장르이다. 여기에서 우리가 새삼 주의를 기울여야 할 것은 '전통적'이라는 수식어이다. 개화기이래 우리 사회는 서구 문물의 세례 속에서 생활 양식은 물론 사고 방식까지 급변하는 전환기를 연속적으로 거쳐왔다. 이러한 역사적 변화 속에서 우리 문화의 전통성의 실체 역시 반복적으로 새롭게 재해석되고 정립되어 왔다. 그래서 오늘날 우리가 인식하는 전통성의 실재가 정작 우리 문화의 원형성과는 상당히 거리가 먼 경우가 많다.
 시조의 경우에도 이러한 사정에서 예외가 아니다. 시조의 양식은 옛 선비들의 삶의 방식과 사고의 가장 친숙한 반영태였으나 오늘날 우리에게는 상당히 낯선 거리감을 느끼게 하는 것이 사실이다. 시조의 양식을 꽃피운 중세 사회의 정치·문화적 기반은 근대화와 더불어 급격히 와해된다. 따라서 우리 근대 시사에서 시조는 지식인들이 일상 속에서 즐겨 노래하고 화답하고 자기 수양을 추구하던 생활 문학의 확고한 위상을 자유시의 장르에 이양하지 않으면 안되었던 것이다.

시조 장르의 형식과 미의식은 성리학적 이념의 범주 속에서 설명된다. 성리학적 이념의 핵심 원리는 이(理)와 기(氣)의 관계에서 선험적으로 존재하는 이(理)를 삶의 본체로 인식하고, 이것에 대한 추구를 가장 큰 덕목과 당위로 여기는 이원론적인 사고체계에 근간을 둔다. 이를테면, 선험적인 이가 지극한 도(道)의 범주라면 기(氣)는 혼탁한 성정의 현실 세계이다. 그래서 성리학적 패러다임에서는 인간이 기(氣)의 성정(性情)을 초극하고 이(理)의 천인합일(天人合一)의 경지에 이르고자 하는 것이 당위적 과제이며 명령이 된다. 시조의 형식과 미의식 역시 이와 같은 사회적 요구에 부응하는 공식적인 문화 장치로서 존재한다.

조동일의 견해에 따르면 시조에서 서정적 자아의 성(性)은 본연지성(本然之性)과 기질지성(氣質之性)으로 나누어 볼 수 있다. 본연지성은 자연과 함께 영원 불변한 것으로서 자연의 순조로운 질서를 도덕적 당위로 갖추고 있다. 본연지성이란 바로 천인합일이 이루어질 수 있게 하는 근거인 것이다. 한편, 기질지성은 차이와 분

별을 만드는 기의 작용에 따라서 달라지는 것으로서 인간이 자연의 순조로운 질서를 거역할 수 있게 하고 인간의 행위가 악할 수 있게 하는 요소이다. 따라서 기질지성에 구애되지 않고 본연지성을 따르는 것이 인간의 마땅한 도리이며, 당위라는 주장이 성립된다. 특히 조선 전기 사대부의 시조는 이와 같이 본연지성에 입각하여 세계의 자아화를 추구하는 예술적 산물이다. 그러나 점차 이기철학의 논의가 조선 후기로 전개되면서 기질지성을 긍정하는 방향으로 나아가자 시조 역시 자연의 순환 원리에 부합되지 않는 인간의 내적 감정을 전면에 내세우는 것이 통용되었다.[1] 오늘날 창작되는 시조의 경향은 기질지성에 입각한 세계의 자아화가 주류를 이루고 있다고 할 수 있다. 이점은 시조의 율격과 형태의 변화에서도 가시적으로 드러난다. 서정적 자아의 본연지성의 추구가 시조의 본령이었으나 다채롭게 생동하고 분산하고 변화하는 인간 삶의 목소리가 중심음을 이루면서 율격과 형태의 변화가 필연적으로 동반된 것으로 보인다. 그럼에도 불구하고, 시조의 양식은 기본적으로 인간 삶의 바람직한 태도와 도덕적 수양 그리고 자연의 아름다움과 경이 등이 주제의식의 주류를 이룬다. 현대시조 역시 기본적으로 삶의 본원성을 탐색하는 성리학

---

[1] 조동일, 『시조의 이론, 그 가능성과 방향설정』 참조.

적 이념에 입각한 시조의 정형이 기본적인 구심적 축으로 존재하기 때문인 것으로 파악된다. 현대시조는 그 태생적인 속성에 의해 인간과 자연의 근원과 순리, 도덕적 규범, 세속적 삶의 초극 등을 중요시하는 고전적인 풍모와 성향이 근간을 이룬다.

민병도의 시조집 『청동의 배를 타고』는 전반적으로 단아하게 정제된 고전적인 미의식과 본원적인 삶의 의미에 대한 추구를 지속적으로 견지하고 있다. 5부로 구성된 이번 시조집에서 특히 1부는 이번 시조집 전반의 정서적 원형질을 가장 밀도 높게 담고 있다. 후반부로 갈수록 시편의 형식과 내용의 폭이 점차 유연하게 확장되고 있다. 그러나 1부의 정제된 형식미 속에 함축하고 있는 삶의 원상에 대한 탐색과 자기 의지는 일관되게 시집 전반의 핵심적인 기저를 이룬다.

그의 시적 지향성은 외부 세계에 대한 탐색과 묘사보다 "흔들리는 날에는/ 가슴에/ 나무를 심었다.// 더욱/ 흔들리는 날엔/ 나무 안에/ 나를 심었다."(「그대 안에」 부분)라고 평명하게 진술하는 자신의 청정하고 견고한 내성의 탐구와 결의로 집중된다. 그렇다면 그의 도저한 내적 결의의 이정표와 궁극적인 별자리는 어떤 것일까?

스스로 물러앉아 그리운 이름이 된
산에, 저 산에 향기 나는 사람 있었네

수없이 나를 깨워 준 늘푸른 사람 있었네

　　법구경을 펼쳐두고 비에 젖는 저 빈 산에
　　휘젓고 간 바람처럼 가슴 아픈 사람 있었네
　　드러난 상처가 고운, 눈이 먼 사람 있었네

　　만나서 빛이 되고 돌아서서 길이 되는,
　　날마다 내 곁을 떠나가는 산에 저 산 안에
　　영혼의 맑은 노래로 창을 내는 사람 있었네
　　　　　　　　　　　　　　　　　－「저 산에」 전문

　3연으로 이루어진 연시조인 이 작품의 정황은 전반적으로 애잔한 분위기를 자아낸다. "스스로 물러 앉"은 그래서 지금은 부재하는 그리운 사람의 맑은 품격과 향기에 대한 간곡한 회상이 주조음을 이루고 있다. 그리운 이름이 된 그 사람이 사는 곳은 산이다. 물론 이때 산은 그가 사는 물리적인 거처만을 가리키지는 않는다. 여기에는 산의 깊고 높은 숭고미와 그리운 사람과의 친연성에 대한 강조가 배어 있다. "그리운 이름이 된" 그 사람은 "드러난 상처가 고운"이로서 "수없이 나를 깨워"주고 "영혼의 맑은 노래로 창을 내"어 준 절대적인 현자이고 구도자이다. 그는 나에게 "만나서 빛이 되고 돌아서서 길이 되는" 존재자이다. 이제 내가 가야 하는 인생 길은 그의 풍모를 따르는 것이다. 다시 말해, "늘푸른 사람"이 시적 자아의 삶의 별자리이고 나침반이다.

그러나 이 시에서 시인의 삶의 지표가 되는 사람은 분명 절대적인 존재자이지만 지나치게 추상적인 수식의 숲에 싸여 있어서 구체적인 윤곽을 짐작하기는 어렵다. 이러한 문제적 상황 앞에서 다음 시편은 어느 정도의 해결의 실마리를 제공해 준다.

> 그들은 결코
> 아무 말도 하지 않았다.
> 긴 겨울의 등 뒤에서 칼을 뽑지 않았다.
> 피 묻은 죽창(竹槍) 앞에서
> 붉은 완장을 차지 않았다.
>
> ―「들풀」 부분

> 어둠이
> 어둠을 불러
> 푸른 별을 타이르듯
> 숨겨둔 그날의 분노
> 찬이슬로 씻어내리고
> 갈라진
> 손톱 사이로
> 새벽 강을 흐르게 하라.   ―「잡초에게」 부분

위 시편에서 "풀"과 "잡초"는 이미 우리 시사에서 관습적 상징으로 정착된 수난의 역사를 헤쳐온 건강한 민중적 삶의 표상으로 해석된다. 대체로 민중의 존재성은 격동기의 역사적 사건 속에서 자기 동일성을 더욱 분명하게 확보한다. 위의 시 「들풀」에서 "칼, 죽창, 붉은 완장" 등은 이념을 앞세운 분단 전쟁의 비극성이 묻어 나온다. 허구적인 이념과 정치적 명분을 내세워 탄압과 살육을 일삼았던 야만의 역사 속에서도 대다수의 민중들은 "등뒤에서 칼을 뽑"거나 "붉은 완장"의 세력에 쉽게 추종하고 매몰되는 작위적 삶을 추구하지 않았다. 그들의 삶의 물결은 시 「잡초에세」에서 서술하듯 대부분이 역사의 여러 난관과 휘둘림 속에서도 "숨겨둔 그날의 분노/ 찬이슬로 씻어내리고/ 갈라진/ 손톱 사이로/ 새벽강을 흐르게" 하는 초연한 자기 극복의 길을 궁극적으로 지향하고 있었다. 민초들은 압제의 고통과 분노 속에서 그 "분노를 이기기 위해 다시 한 번 짓밟"(「질경이의 노래」)히는 고통을 스스로 선택하여 감수함으로써 이를 넘어서는 질기고도 의연한 생명력을 보여주었던 것이다.

민병도 시인이 자신의 시적 삶의 궁극적인 지표를 민중들의 생활 세계에서 발견하고 있는 점은 매우 중요한 문제적 의미를 지닌다. 그것은 그의 시 세계가 추구하는 삶의 본체가 기질지성(氣質之性)에 있음을 가리키는 것이기도 하다. 그는 삶의 가치를 선험적인 이(理)의 세계가 아니라 요동하고 분산하는 생활 체험적인 기(氣)의 세계에서 찾고 있는 것이다. 그래서 그의 시 세계는 빈번하게 사회·역사적인 제현실의 문제가 전면에 등장한다.

>최루탄(催淚彈)의
>오월거리
>무너진
>시계탑 너머로
>빛 바랜 추억처럼
>다가오는
>그대 안부 　　　　　　　　　　　 -「낮달」부분

 옛 사월 그해 봄에도, 유월이나 시월쯤에도 아이들은 용감했고 어른들은 겁이 많았다.

 빈 들녘을 가로질러 청둥오리 돌아가고 삼각산이 두 번 세 번 이름 바꾼 시월이 와도 아이들은 용감하고 어른들은 비겁했다. 그날에는 태어나지도 않은 새롭고 낯선 아이들 교문을 사이에 두고 밀고 또 밀리는 동안에도 이 땅 어디선가 아이들은 다시 나지만

 언제나 아이들만 남고 세월은 간 데가 없다.
　　　　　　　　　　　　　　　　 -「알 수 없는 일」부분

위의 시편들은 모두 5월 광주 항쟁과 4월의 4·19 혁명, 6월 민주항쟁, 10월 부마사태 등등의 격동의 현대사가 시적 대상이 되고 있다. 시 「낮달」은 "낮달"의 아련하고 나약한 이미지와 "빛 바랜 추억처럼 다가오는/ 그대 안부"의 애련한 정조가 조응되면서 불온한 역사의 거대한 물결이 할퀴고 간 뒷자리의 아픈 상처가 그려지고 있다. 시 「알 수 없는 일」은 우리 현대사의 저항의 역사에 대한 화자의 가치 평가가 평명한 어조로 전언되고 있다. 1연의 "아이들은 용감했고 어른들은 겁이 많았다"는 서술형의 반복에 이어 "언제나 아이들만 남고 세월은 간 데가 없다."는 한탄적 어조의 갈무리는 과거는 물론 현재에도 타성적 삶에 길들여져 있는 기성 세대에 대한 충격과 비판의 의미를 지니고 있다. 또한 이것은 시인의 세계관이 시조의 양식을 견지하고 있다고 할지라도 결코 고답적이거나 폐쇄적이지 않고 새로운 세대에 대한 열린 의식을 지향하고 있음을 보여준다.

여기에 이르면 우리는 민병도의 시 세계가 지향하는 궁극적인 도(道)의 세계가 민중의 세계관과 현재적 삶에 토대를 두고 있는 것으로 정리된다. 그는 하늘의 이치를 민중들의 살림의 현장에서 발견하고 있다. 그야말로 그는 민심이 천심이라는 인본주의적 세계관을 생활 철학으로 내면화하고 있다. 그리고 이러한 그의 역사적인 현실 삶에 대한 열린 의식은 자연스럽게 시조 양식의 유연한 개방화로 나아가게 한다. 실제로 그의 시 세계에는 절제와 엄숙이 중시되면서도 일탈과 파격의 실험의식이 자주 시도된다. 그의 시 창작 원리는 선험적인 형식 미학의 당위성 보다 생활 세계의 자유 분방함에 대한 열린 의식에 뿌리를 두고 있는 것이다. 과연 그는 과감한 혁신과 창조의 시조 양식을 자주 선보인다.

 울 너머
 허연 실비
 실비 밖은
 하아프 소리

 문득 잊혀간 날들
 책갈피에 끼워 놓고
 떨다만
 현(絃)을 내려와

 산(山)
  사(寺)
   쪽
    으
    로
     가

                  는
그대
                              −「실비」 전문

새들 떠난 겨울들판에
상처 깊은
강
   이
      흐
         르
            고

무너지고 싶은 곳에
탑(塔)은 정좌(靜坐)하여

먼 산을
무릎 꿇린 채
남몰래 열반에 들어
                      −「불이(不二)의 노래·5」 전문

  위의 시편은 각각 1연의 마지막 행과 3연의 마지막 행의 파격을 통해 시각적인 생동감과 구체성을 불러일으킨다. 시 「실비」에서 시도한 실험적 형식미는 실비의

풋풋한 음향, 지상으로 내려오는 곡선의 운동성, 그리고 "산사(山寺)쪽"으로 난 길의 모양새를 동시적으로 함축시켜서 표현하는 효과를 얻고 있다. 1, 2연의 정적이고 추상적인 시상이 3연의 마지막 장에 이르러 신선하게 해방되고 있다.

시 「불이(不二)의 노래·5」 역시 1연의 마지막 행의 파격은 "겨울들판"을 흐르는 "강"의 미약하나마 유려하게 흐르는 흐름을 입체적으로 묘사하고 있다. "겨울들판", "탑(塔)", "열반"으로 연결되는 시상에서 흐르는 "강"에 대한 묘사는 부동태의 시적 정황에 참신한 숨통을 열어 준다. 또한 이것은 "겨울 들판"을 가로질러 "남몰래 열반"에 드는 시적 주체의 추상적인 행로를 구상화시켜 보여 주기도 한다.

이상에서 살펴보듯, 민병도의 시 세계는 엄숙과 파격, 절제와 일탈, 추상과 구상이 서로 밀고 당기는 역학 구도를 통해 전개되고 있다. 이러한 양상은 그의 시적 세계관이 폐쇄된 고답적인 세계가 아니라 생동하는 민중적 살림의 세계로 열려 있는 개방성에 기인하는 것으로 정리된다. 즉 그는 이른바 시적 자아의 기질지성(氣質之性)에 의한 세계의 자아화를 적극적으로 추구하고 있는 것이다. 이러한 특성은 오늘날의 다층적이고 다변화된 첨단의 현실에서도 시조 양식을 면면히 유지할 수 있는 한 방법론의 의미를 지닌다는 점에서 주목된다. 그러나 민병도의 시 세계는 여러 가지 미덕을 지니고 있음에도 불구하고 시적 흥취를 자아내는 단계로 나아가지는 못하고 있다. 지나치게 결곡하고 촘촘한 언어 구조와 시상의 전개가 삶의 생기와 여백의 틈을 차단하고 있는 것으로 보인다. 그의 시조가 좀 더 적극적으로 관습적 상상력을 일탈하는 유연한 사유와 넌출 거리는 생의 리듬을 섭수할 때 노래로서의 시조의 본령도 재생시킬 수 있을 것이다. 시조 양식의 무의식이 노래라는 점은 아무리 강조해도 지나치지 않을 것이다.

민병도 연보

1953년 경북 청도군 청도읍 원정리 1215에서 아버지 閔元植 씨와 어머니 吳德順 씨 사이에 장남으로 태어남.
1970년 청도의 모계고등학교에 입학하면서부터 시와 소설을 쓰기 시작함.
1972년 독보적인 문학의 길을 찾겠다는 포부로 영남대학교 미술대학에 입학하여 『영대문화』에 「烏嗢峯 늙은이」를 비롯한 소설을 발표.
1973년 대학 2학년 때부터 전공을 한국화로 정하고 丁芸 이영도 선생님을 만나면서 시조공부를 시작함.
1974년 대학 3학년 때 영남대학교내 문예반을 조직하고 반장을 맡았으며 『시문학』에서 주최하는 전국대학생 에세이 모집에서 당선함.
1975년 『현대시학』에 「낙엽기」로 초회 추천을 받음. 3학년 때 제1회 경상북도 미술대전에서 특선을 하고 4학년 때는 대한민국미술전람회에서 입선함.
1976년 『한국일보』 신춘문예에 시조 「마을」이 당선됨. 영남대학교 미술대학을 졸업(酉山 閔庚甲선생 사사)하고 <洛江> 동인으로 가입하여 1983년까지 활동함.
1977년 법정 벽지학교인 청송군 부동면의 부동중학교 발령을 받음(1980년까지 근무).

1978년　『시문학』지에 「기러기」로 추천 완료.
1980년　중등학교 교사인 李明淑과 결혼, 딸 珍蕙가 태어남. 교직 생활을 청산하고 안동으로 이사하여 본격적인 畵家의 길로 들어섬.
1981년　영남대학교 대학원을 졸업하고 제8회 경상북도 미술대전에서 동상을 수상함.
1982년　영남대학교 강의를 시작으로 안동대학교 등에서 미술사와 한국화 실기를 지도함.
1983년　아들 志完이 태어남. 경상북도 미술대전에서 금상을 수상하고 수상기념 후원으로 첫 번째 전시회를 가짐.
1984년　노중석, 문무학, 박기섭, 이정환 등과 <五流同人>을 결성하고 창간호『바람도 아득한 밤도』를 펴냄. 이후 1994년 제10집『산밑에 와서』와『五流선집』을 펴내기까지 동인으로 활동함. 경상북도 미술대전에서 동상을 수상하고 추천작가로 위촉됨.
1985년　등단 10년을 정리하여 첫 시집『雪쑥의 버들피리』(흐름사)를 펴냄.
1987년　7년간의 안동생활을 정리하고 대구로 생활터전을 옮김.
1989년　두 번째 시집이자 자유시집인『숨겨둔 나라』(나남출판사)를 펴냄. 대구광역시 미술대전의 초대작가로 위촉됨.
1991년　세 번째 시집『갈 수 없는 고독』(동학사)을 펴냄. 제4회 개인전을 대구 송아당 화랑에서 가지고 약 한 달 가량의 중국 문화기행에서 전통문화와 대륙문화에 대한 새로운 이해를 갖게 됨. <이호우문학기념회>의 발족과 함께 업무를 총괄하고 시조전문지『開花』의 편집주간을 겸임함. 제1회 한국시조작품상을 수상함.

1993년　제5회, 제6회 개인전을 가지고 <대구현대한국화회>를 창립, 1~3대 회장을 역임함.

1994년　네 번째 시집 『無常의 집』(그루출판사)를 펴냄.

1995년　다섯 번째이자 자유시집인 『만신창이의 노래』(박우사)를 펴냄.

1996년　제8회 개인전을 갖고 '문학의 해'와 등단 20년을 정리하기 위하여 시조선집 『地上의 하루』(송정출판사)를 펴냄.

1997년　장편시조집 『불이(不二)의 노래』(송정출판사)를 펴냄. 『시문학』 등에서 月評을 쓰고 시조동인 <한결>을 지도함. 제15회 丁芸시조문학상을 수상함.

1998년　열 번째 한국화 개인전을 서울과 대구에서 가지고 시화집 『梅花 홀로 지다』(송정출판사)를 펴냄. 제1회 대구시조문학상을 수상함.

1999년　한국미협 대구광역시지회장에 피선됨. 여덟 번째 시집 『섬』(송정출판사)을 펴냄.

2000년　창작의 산실인 <木言藝苑>을 개원함. 중국 돈황기행. 대한민국 미술대전 심사위원을 역임함.

현재　　대구미술협회 회장. 『開花』 편집주간. 『시조 21』 발행인.

참고문헌

김몽선, 「관념적 시어에서의 탈출」, 『현대시학』, 1982. 9.
한춘섭 외, 『한국시조 큰 사전』, 을지출판공사, 1985.
임종찬, 「詩와 畵의 만남」, 『雪岑의 버들피리』, 1985. 12.
박기섭, 「知性과 感性, 그 행복한 만남」, 『雪岑의 버들피리』, 1985. 12.
이우걸, 「동호인지와 동인지」, 『시문학』, 1986. 9.
_____, 「삶의 해석」, 『시문학』, 1988. 9.
_____, 『憂愁의 地坪』, 동학사, 1989.
정진규, 「좋은 시에 대한 생각」, 『숨겨둔 나라』, 1989. 11.
한춘섭, 「근대시조시 동인지 분석」, 『한국시조시논총』, 을지출판공사, 1990.
박기섭, 「꿈과 자유의지」, 『展開』 2호, 1990. 여름.
이상범, 「새로운 서정성, 그 시각과 천착」, 『월간문학』, 1990. 11.
문무학, 「세상읽기와 일어서기」, 『시문학』, 1990. 12.
장순하, 「속이 다 시원한 쾌사」, 『현대문학』, 1991. 3.
문무학, 「장형시조 그 다양성」, 『월간문학』, 1991. 3.
박시교, 「短詩를 읽는 즐거움」, 『갈 수 없는 고독』, 1991. 6.
유재영, 「단시조를 읽은 즐거움」, 『현대문학』, 1991. 8.
문무학, 「孤獨한 시대에 비친 歷史의 빛」, 『월간문학』, 1991. 11.
류상덕, 「時間性과 현실의식」, 『시문학』, 1992. 11.

박시교,「사설시조의 아름다움 또는 힘」,『시문학』, 1994. 2.
문무학,「어두운 시대의 별 찾기」,『無常의 집』, 1994. 3.
전원범,「기쁨을 주는 시조들」,『시문학』, 1994. 6..
정순진,「둘 아닌 것-상처의 시학」,『시문학』, 1994. 12.
조주환,「불멸의 시혼과 소망」,『시문학』, 1994. 12.
홍신선,「달관과 해방의 세계」,『한국시조』, 1995. 가을.
김제현,『사설시조 문학론』, 새문사, 1997.
_____,『현대시조 평설』, 경기대학교 연구교류처, 1997.
이정환,「값진 정신의 소산들」,『열린시조』, 1997. 봄.
박신헌,「靑銅의 배로 만난 佛性의 경지」,『不二의 노래』, 1997. 4.
오종문,「현대시조의 탈주」,『열린시조』, 1997. 여름.
박철희,「현대시조의 진단과 전망」,『시조시학』, 1997. 하반기.
문무학,「대구시조의 흐름」,『열린시조』, 1997. 가을.
이정환,「不二의 노래」,『대구시조』 창간호, 1997.
김몽선,「공감의 폭이 넓은 시」,『대구문학』, 1998. 가을.
반경환,「百潭寺 가는 길」,『열린시조』, 1998. 겨울.
이재창,『아름다운 고뇌』, 시와사람사, 1999.
김상환,「卍行, 혹은 거룩한 숲에 들다」,『섬』, 1999. 10.
이정환,『생태학적 관점에서 본 현대시조의 양상 연구』, 한국교원대학교 교육대학원 석사학위논문, 2000. 2.
장미라,「시적 언어의 형상화」,『시문학』, 2000. 2.
이경호,「상상력과의 싸움」,『열린시조』, 2000. 여름.
박기섭,「삶의 언어, 시의 언어」,『다층』, 2000. 여름.
김유중,「현대시조의 정형성과 상상력의 자유로움」,『현대시학』 2000. 8.

오종문, 「젊은 시조, 그리고 성숙한 시조로 거듭 나야」, 『시문학』, 2001. 1.
전원범, 「울림이 있는 시조들」, 『시문학』 2001. 9.